W0352409

collection
cascade

GUY JIMENES

LACE-MOI LES BASKETS

ILLUSTRATIONS DE
CHRISTOPHE BESSE

RAGEOT•ÉDITEUR

Collection dirigée par Caroline Westberg

ISBN 2-7002-2734-4
ISSN 1142-8252

J'ai le cœur au bord de l'explosion. Je n'en peux plus. Je pédale à fond depuis l'école. Encore quelques mètres et je pourrai enfin me cacher. Voilà l'entrée de mon lotissement. Je contourne le vieux transformateur électrique. Je couche mon vélo dans l'herbe et je m'accroupis, le dos contre la paroi de béton.

De la rue, personne ne peut me voir. Je reprends mon souffle.

Je ne suis plus très loin de la maison, mais je veux être sûr que le Grave ne m'a pas suivi.

Tout à l'heure, à la récréation, il ne m'a pas menacé, il ne m'a rien dit. Il n'a pas eu le temps. Un seul regard a suffi pour que je sente le danger. Et cette façon qu'il a eu de marcher vers moi… J'en ai encore froid dans le dos.

J'ai eu la chance de ma vie : la sonnerie a retenti. Je me suis vite réfugié auprès de Mme Augmenta. Le Grave la craint, je le sais. Elle était sa maîtresse l'année dernière. Devant elle, il a été obligé de se calmer.

Madame Augmenta s'est doutée de quelque chose :

– Aurais-tu un problème avec Sébastien, Jean-Benoît ?

– Non, madame, ai-je répondu. Tout va bien.

Pendant l'heure de classe, je n'ai rien écouté. Je ne pensais qu'au Grave : il m'attendrait à la sortie.

Appuyé contre le mur du transformateur, je rêve à un courant électrique magique qui me donnerait de superpouvoirs, qui ferait de moi un héros tout en muscles... Le transformateur appartiendrait en réalité à des extraterrestres amis. La porte métallique s'ouvrirait, je pénétrerais à l'intérieur où on me rechargerait comme un bioman, et à nous deux le Grave...

Mais rien de cela : la porte grise reste désespérément close, avec son inscription DANGER DE MORT et son dessin noir sur fond jaune : un bonhomme en déséquilibre, tombant en arrière, foudroyé. Voilà à quoi je ressemblerai quand le Grave m'aura donné un coup de poing !

Je voudrais tellement revenir à zéro, repasser le film à l'envers jusqu'à ce moment idiot où Lucien et moi on a eu l'idée folle de nous en prendre aux lacets du Grave.

C'était lundi. C'était hier…

Lundi
ou
Le jour des lacets

– Regarde la vedette, a rigolé Lucien.

Il y avait de quoi rire. Le Grave arrivait en roulant les mécaniques et rameutait sa bande. Il semblait avoir quelque chose à montrer, au fond de son sac de sport. Ses copains sont tous des sportifs : ils font du basket le lundi après l'école, au gymnase juste à côté, en se prenant pour des Américains.

On se fichait d'eux sans aucun risque, comme d'habitude. Lucien et moi, on est champions pour ça. Notre sport à nous, c'est ricaner et critiquer, toujours à bonne distance.

J'ai raconté à Lucien que le Grave s'était fait renvoyer de la bibliothèque municipale, samedi après-midi. Il embêtait une fille qui avait fini par se plaindre à l'accueil.

– Quand la bibliothécaire lui a ordonné de sortir, tu ne sais pas ce qu'il lui a dit ?

– Non.

– « C'est pas vous qui me virez, c'est moi qui décide de partir, parce que ça pue, ici, ça sent le bouquin. »

Lucien a pouffé.

– Ça te fait rire, toi ? lui ai-je reproché. Moi, je trouve ça nul. Il est zéro, ce mec.

– Bon d'accord, on va lui donner une bonne leçon, a décidé Lucien.

Et il a fait mine de se diriger vers le Grave, avec une grimace à la Jean-Claude Van Damme. Mais il s'est très vite recomposé un visage normal.

– Autant se suicider, a-t-il conclu.

C'était exactement mon avis.

– Et si on lui faisait une crasse ?

– Une crasse ? Au Grave ?

– Oui, une vraie sale blague, ai-je précisé, quelque chose qu'il n'oubliera pas de sitôt.

– Tu as une idée ?

– Pas encore. On va s'approcher de lui, pour voir.

Je ne plaisantais pas. J'ai pris un air dégagé et j'ai marché tranquillement vers la terreur de l'école. Après une hésitation, Lucien m'a suivi. Il rigolait, mais c'était nerveux.

– Ne fais pas l'andouille, lui ai-je soufflé la bouche en coin derrière ma main. Ils vont se douter de quelque chose.

Ils étaient rassemblés autour de Sa Majesté Le Grave, et ils admiraient...

des baskets ! Une paire de Magic Edge à semelles profilées, toutes neuves, qu'il avait sorties de son sac et exhibait à la cantonade.

– Style ! s'exclamait Moktar.

– Avec des semelles pareilles, disait Didier Masson, tu vas rebondir comme dans *Flubber*.

Chacun y allait de son compliment.

– Il paraît qu'elles sont fabriquées en Asie, a risqué Lucien. Par des enfants.

– Et alors, mec ? Où tu veux en venir ? lui a demandé le Grave.

– À rien, j'ai juste entendu ça à la télé, c'est tout.

J'ai donné un discret coup de coude à Lucien pour qu'il se ressaisisse.

– Waouh, elles sont hyper-classe ! s'est-il mollement enthousiasmé avec autant de conviction qu'à la cantine devant une assiette de navets.

– Elles sont top morteeelles ! me suis-je extasié à mon tour.

Le Grave nous a lancé un long regard bizarre, avant d'ordonner :

– Dégagez, vous autres. Quand on aura besoin de deux cloches, on vous sonnera.

On a pris un air penaud et on s'est éloignés en vitesse. Passé le coin du préau, on s'est écroulés de rire.

– « Quand on aura besoin de deux cloches ! » mimait Lucien.

Et ce qu'on a pu rigoler à cause de la taille des Magic Edge !

– Mon père appellerait ça... comment déjà ? Ah oui ! Des tatanes !

– Et le mien : des péniches ! ai-je ajouté.

– On va lui faire bouffer ses baskets de clown !

L'idée a jailli dans le cerveau de Lucien pendant la première heure de classe. Il a laissé tomber sa règle exprès et, en se baissant pour la ramasser, il a déposé un papier plié en quatre que j'ai ramené sous ma table avec le pied.

J'ai profité du moment où madame Augmenta écrivait au tableau pour cueillir le message et le lire :

Je me suis retenu de rire. Alicia lorgnait de mon côté et j'en étais gêné. D'habitude, je lui laisse voir les mots de Lucien. Mais là, ça concernait son frère. Parce que ma voisine de table, la plus jolie fille de la classe, n'est autre que la sœur du Grave ! N'est-ce pas incroyable ? Voilà un des mystères de la vie, et une bonne raison de détester encore davantage Sébastien Graveau.

Bon. Lui piquer ses lacets... Oui, c'était une super idée. Lui voler ses Magic Edge, on y avait pensé, mais elles étaient si encombrantes qu'on n'aurait pas su où les cacher. Les lacets, seulement les lacets, c'était génial ! Sans ses lacets, le Grave ne pourrait pas s'entraîner : il resterait au bord du terrain, à quai avec ses péniches.

À la récré, Lucien était excité comme une puce.

– Le sac de sport du Grave est dans le couloir. Il n'y a qu'à se servir !

Monsieur Boturier, le maître des CM2, interdit les sacs supplémentaires dans les allées de sa classe.

Lucien voulait qu'on y aille de suite. Je n'étais pas d'accord :

– Tu es fou ! On peut nous voir... Et puis ce n'est pas très malin de m'avoir passé ce mot. Les autres savent maintenant qu'on mijote quelque chose, et quand le Grave s'apercevra qu'on a touché à ses baskets, les soupçons se porteront sur nous.

– Tu parles ! Ils ne peuvent pas imaginer qu'on va s'attaquer à la terreur de l'école. Tu as vu comment on est taillés ?

Je l'ai bien regardé : il est à peu près aussi épais qu'une biscotte sans sel. Quant à moi, une de mes tantes raconte toujours qu'à ma naissance je lui faisais penser à un chat pelé. Je ne suis pas certain d'avoir beaucoup évolué. Le jour de la rentrée, mademoiselle Santiano, qui est nouvelle dans l'école, nous a changés de rangée, Lucien et moi : elle nous prenait pour des CE2 !

À côté de nous, le Grave et sa bande ressemblent à des collégiens. Renaldo a même un début de moustache.

– Tout le monde croira qu'il s'agit d'un règlement de comptes entre grands du CM2, insistait Lucien.

Il avait raison.

– On agira pendant la classe, ai-je décidé. On demandera à madame Augmenta l'autorisation d'aller aux toilettes.

– Elle refusera. Elle dira qu'on n'avait qu'à prendre nos précautions à la récré. Et même si elle était d'accord, elle ne nous laisserait jamais sortir à deux.

– Je le sais bien ! Il faut agir seul.

J'avais une pièce d'un euro dans ma poche.

– On va tirer au sort.

Quand la pièce m'a désigné, Lucien a fredonné la musique de *Mission impossible*.

Une fois en classe, le temps m'a paru s'étirer, encore plus que d'habitude. Je brûlais d'envie de lever la main, mais madame Augmenta n'aurait pas compris que je veuille aller aux toilettes si vite après la récréation. Peu avant quatre heures, j'ai enfin demandé à sortir.

La maîtresse m'y a autorisé.

– Tu n'as pas l'air dans ton assiette, a-t-elle remarqué.

J'ai vaguement indiqué que j'avais mal au ventre et ce n'était pas complètement faux.

Je sentais les regards braqués sur moi. J'ai ouvert puis refermé avec précaution la porte de la classe.

Le couloir était désert. Je me suis dirigé vers les toilettes. En passant le long du CM2, j'ai entendu leur maître qui dictait un exercice. J'ai repéré le sac du Grave. Il ne traînait pas par terre comme les autres, il était suspendu à un portemanteau.

Le cœur battant, j'en ai ouvert la fermeture à glissière. Je n'ai pas tout de suite vu les Edge et j'ai cru qu'un autre était passé avant moi. Mais non : le Grave les avait enveloppées dans son maillot de basket. J'ai sursauté quand un grand bruit a retenti à l'intérieur de la classe et j'ai failli m'enfuir en courant. Il y a eu des éclats de rire que la voix de monsieur Boturier a calmés d'un coup :

– Sébastien Graveau ! Encore une de tes mauvaises plaisanteries !

– Je ne l'ai pas fait exprès, m'sieur.

J'ai compris que le Grave venait de renverser son voisin de table qui se balançait devant lui sur sa chaise. Si le maître le fichait à la porte, le Grave me trouverait là, farfouillant dans son sac !

Je n'ai même pas pris le temps de refermer la fermeture à glissière. J'ai filé aux toilettes en marchant le plus vite possible sur la pointe des pieds.

Toutes ces émotions m'avaient vraiment donné envie de faire pipi ! J'ai tiré la chasse d'eau et je me suis longuement lavé les mains. En réalité, je gagnais du temps. J'étais terrorisé à l'idée du chemin du retour. J'imaginais le Grave, à la porte de sa classe, m'arrêtant au passage : « Alors, Ménard, on traîne dans les couloirs ? Dis voir : c'est pas toi qui as ouvert mon sac, par hasard ? »

Le couloir était désert. Monsieur Boturier avait dû prendre une autre sanction contre son élève. Dans les toilettes, j'avais eu le temps de réfléchir : ça suffisait, cette histoire. Tant pis pour les Edge. J'expliquerais à Lucien que l'incident dans la classe de monsieur Boturier avait perturbé notre plan.

Pourtant, en repassant devant les portemanteaux, le démon m'a repris. Le sac de sport béait : il n'attendait que moi !

Ces chaussures étaient vraiment monstrueuses ! Du combien le Grave pouvait-il chausser ? Au moins du quarante ou du quarante-deux ! Et chaque lacet devait mesurer un bon mètre !

J'ai commencé à les retirer. J'alternais un bout de lacet avec l'autre. Il fallait passer chaque brin dans chaque œillet. Plus j'en enlevais et plus il y en avait long. Jamais je n'arriverais à délacer les deux baskets avant quatre heures et demie ! Je commençais à paniquer et puis j'ai eu une idée. À vrai dire, c'est venu tout seul, j'y ai à peine réfléchi, ça a été un mouvement naturel de mes mains, de mes doigts : je me suis mis à nouer les quatre brins de lacets entre eux. C'était facile, et ça allait vite. Un, deux, trois, dix, vingt, trente… une bonne cinquantaine de nœuds ! Et serrés de toutes mes forces ! Le Grave mettrait des années à dénouer un pareil tricotin.

Quand je suis retourné en classe, mon excitation était si grande que j'avais du mal à garder mon sérieux.

– À la bonne heure, a remarqué madame Augmenta, tu as retrouvé des couleurs.

En passant près de Lucien, je lui ai adressé un clin d'œil « Mission accomplie ». Et je me suis assis sans oser regarder Alicia.

À la sortie, le Grave et ses copains se sont dirigés vers le gymnase. Ils mangeaient des barres de céréales et jetaient les emballages par terre, sans aucune gêne.

J'avais raconté en détail à Lucien ma mission lacets.

– Une cinquantaine de nœuds !

Il n'en revenait pas. Il voulait à tout prix qu'on suive le Grave au gymnase pour être là quand il ouvrirait son sac. C'était dangereux, mais pas autant que l'exploit que je venais d'accomplir, et je brûlais d'envie, moi aussi, de voir la tête du Grave découvrant ses Edge.

Au gymnase, on a renoncé à suivre les joueurs jusque dans les vestiaires. Ils se seraient doutés de quelque chose. On s'est assis sur un gradin, au bord du terrain.

Les basketteurs entraient un par un dans la salle et serraient la main de leur entraîneur, avant de ramasser un ballon et de commencer leur échauffement par des dribbles légers et des shoots. Il y avait Moktar, Renaldo, Didier Masson et deux ou trois autres... Mon cœur s'est arrêté de battre quand le Grave a jailli des vestiaires en slip et en chaussettes, brandissant ses Edge attachées :

– Quel est le salaud qui m'a fait ça ? beuglait-il.

Les autres se sont approchés. Ça discutait ferme. Leurs éclats de voix résonnaient dans le gymnase. Ils se passaient les Edge, tiraient sur les nœuds, mais pas moyen de les défaire, ça leur prenait un temps fou. L'entraîneur a fini par s'impatienter :

– J'ai des ciseaux dans le local.

Le Grave ne voulait pas en entendre parler. Il était vert de rage. Il a quitté la salle en insultant tout le monde.

Lucien et moi, on s'était faits petits. Le Grave ne nous avait pas remarqués. Seul Didier Masson nous a demandé ce qu'on fichait là.

– On est venus voir l'entraînement, a dit Lucien.

– Pas possible ! a ironisé Didier.

– On va peut-être s'inscrire, a menti Lucien.

Didier a eu une grimace de dégoût :

– On est assez nombreux comme ça

dans l'équipe. Pas besoin de deux cloches.

Moi, Didier Masson, il ne me fait pas trop peur. On était même assez copains, avant.

– C'est nul, lui ai-je dit. Tu emploies les mêmes mots que ton chef. Tu n'as aucune personnalité.

Il a menacé de m'envoyer un ballon à la figure, et on a décampé en vitesse.

– Tu as vu, quand le Grave est entré avec les Edge à la main ? ai-je rigolé une fois dehors.

Et Lucien l'a mimé brandissant ses baskets.

Nos rires étaient un peu forcés. On ne s'est pas attardés près du gymnase. Le Grave se rhabillait dans les vestiaires et on ne tenait pas à ce qu'il nous demande ce qu'on fabriquait là.

On était contents de notre coup, mais pas autant qu'on l'avait espéré. La réaction violente du Grave me gâchait le plaisir. Je me sentais mal à l'aise.

Lucien a bien résumé la situation :

– Maintenant, il va mener son enquête.

C'était sûr : le Grave ferait tout pour découvrir les coupables et sa vengeance serait terrible !

Mardi ou Le jour du Grave

Dès le matin, le Grave a pris à partie des élèves de sa classe et le bruit s'est vite répandu dans toute l'école : quelqu'un lui avait volé ses baskets.

Quand Lilian m'a dit ça, j'ai corrigé :

– Non, c'est juste les lacets, il les a retrouvés pleins de nœuds.

J'avais un peu trop parlé, alors j'ai vite expliqué à Lilian :

– J'étais au gymnase hier soir, par

hasard, quand Graveau a ouvert son sac.

Et puis, après la cantine, le Grave et ses copains se sont intéressés à des élèves des autres classes. Lucien et moi, nous savions que notre tour viendrait et on jouait, l'air de rien, à tennis-ballon contre le mur du préau, en surveillant la cour du coin de l'œil.

Quand ils ont regardé dans notre direction, j'ai senti mes jambes mollir. À mon grand soulagement, le Grave ne s'est pas déplacé lui-même, il a envoyé Renaldo.

– Vous étiez au gymnase, tous les deux, hier soir ?

– Oui, et alors ? ai-je répondu.

– Ce n'est pas interdit, a renchéri Lucien.

– C'est drôle, d'habitude vous ne venez jamais voir notre entraînement de sketba.

– Je l'ai déjà expliqué à Didier, a lâché Lucien d'un ton las en relançant la balle contre le mur. On va peut-être s'inscrire dans l'équipe.

– Ouais, c'est ça, a ricané Renaldo.

Et il nous a laissés jouer.

À la récré du milieu d'après-midi, c'est Moktar qui est venu à la charge, et c'est surtout après moi qu'il en avait.

– Tu étais vachement intéressé, hier, par les Edge de Sébastien.

Et il m'a imité :

– « Top morteeelles ! »

Je n'ai pas su quoi répondre. Je lorgnais vers le Grave que je voyais là-bas discutant avec Mélanie et Alicia. Mélanie disait quelque chose qu'Alicia avait l'air d'approuver. Pas besoin d'être devin pour savoir ce qu'elles étaient en train de raconter : que j'avais demandé à sortir, hier, pendant la dernière heure de classe.

Le Grave a hoché la tête. À la façon dont il a marché vers moi, j'ai su que j'étais cuit : il avait compris...

La sonnerie m'a sauvé et j'ai couru me réfugier en classe.

Filer à toute vitesse à quatre heures et demie ne m'a pas été trop difficile. Les CM2 sortent toujours après nous. Mais je paniquais tellement que j'ai mis une éternité dans le garage à vélos à défaire mon antivol...

Voilà comment j'ai échappé au Grave. Pour le moment.

À l'abri du transformateur, je vois défiler le flot des écoliers rentrant chez eux. Le Grave n'est pas parmi eux, ni aucun de ses lieutenants. Ils n'ont pas cherché à me coincer. Ils n'habitent pas dans le lotissement.

Me voici donc tiré d'affaire, mais pour combien de temps ?

Je remonte sur mon vélo et regarde prudemment aux alentours. On ne sait jamais. Dans moins de deux minutes, je serai à la maison.

Demain, c'est mercredi. Je m'arrangerai pour rester chez moi, tant pis pour le cours de solfège du début d'après-midi. J'inventerai une excuse. Mais jeudi, l'école reprendra, le Grave sera là à m'attendre. Et alors...

La course à vélo depuis l'école m'a épuisé. Quand je pénètre dans mon garage, le soulagement se mêle à l'inquiétude, et je me sens terriblement triste et seul. Les larmes jaillissent sans que je puisse les retenir.

– Oh, toi, tu as pleuré, constate maman. Tes yeux sont rouges.

– On a eu piscine.

Elle hoche la tête pour montrer qu'elle n'est pas dupe de mon mensonge. Ce n'est d'ailleurs qu'un « faux mensonge », juste un petit code entre nous : je n'ai pas envie d'expliquer pourquoi j'ai pleuré.

Mais maman ne me lâche pas comme ça.

– Cela fait deux soirs de suite que tu rentres en retard. Ce n'est pas dans tes habitudes.

– Hier, je suis allé voir un entraînement de basket avec Lucien. Et aujourd'hui, j'ai apporté ses devoirs à un copain malade.

Voilà un vrai mensonge. Il fallait bien donner une explication, et celle-là m'a traversé l'esprit.

Et si je disais tout à maman ? Si je lui révélais que la terreur de l'école veut me flanquer une dérouillée ? D'abord, cela me soulagerait. Ensuite, mes parents pourraient intervenir auprès de la maîtresse et du directeur de l'école pour sanctionner le Grave... Le sanctionner ? Mais pourquoi ? Il ne m'a encore rien fait ! C'est plutôt à moi qu'on reprochera... le coup des lacets.

Je me vois mal expliquant à maman : « J'ai demandé à aller aux toilettes et j'ai attaché avec cinquante nœuds hyper-serrés les Edge de Sébastien Graveau. »

Elle sent bien que je lui cache quelque chose. Elle ne me questionne pas. C'est sa tactique. Elle est comme ça, maman, c'est une maligne.

– N'exagère pas, lui dis-je.

– Comment ça ? rigole-t-elle.

– Tu le sais très bien. Quand tu me regardes de cette façon, je finis toujours par t'avouer mes secrets. Mais pas cette fois ! Tu ne sauras rien, voilà. Pas avant jeudi. Enfin, si je suis encore vivant !

J'ai eu tort d'ajouter cela, maman s'inquiète pour de bon.

– Que me chantes-tu là ?

– Rien. Je plaisantais. C'est juste un petit problème que j'ai. Vraiment rien de grave. Un problème perso.

Rien de grave. Rien de Grave ? Je rigole tout seul en montant dans ma chambre. D'un rire sans joie.

Le téléphone sonne en bas. J'entends maman décrocher.

– C'est pour toi, me crie-t-elle.

Je descends. J'ai comme un mauvais pressentiment. Je m'empare du combiné et lance un timide :

– Allô...

– Jean-Benoît ? Tu as filé drôlement vite, tout à l'heure...

Je pousse un soupir de soulagement. C'est Lucien.

– Tu as bien fait, poursuit-il. Le Grave était furax. Il m'a chargé d'un message pour toi : il t'attend jeudi matin à l'entrée de l'école pour te casser la figure.

– Je m'en doute.

– Tu as la trouille ? me demande Lucien.

– Penses-tu !

Je m'assure que maman ne puisse pas entendre et j'ajoute :

– Je vais le pulvériser, le Grave, le piétiner, le laminer, l'éliminer, le dénoyauter. Le mettre en miettes !

Lucien garde un silence gêné. Il finit par demander :

– T'es pas sérieux, là ?

– À moitié.

Et pris d'une inspiration, je précise :
– L'autre moitié, c'est toi Lucien. À nous deux, on devrait y arriver.

Je sais bien que Lucien n'a pas l'intention de se battre, j'ai juste cherché à le provoquer.
– T'es dingue ! s'exclame-t-il.
À sa voix, je devine qu'il panique. Lucien est un véritable ami, mais plutôt le genre intello. La bagarre, ce n'est pas trop son truc.

– Je te rappelle que c'est toi qui as eu l'idée des lacets, dis-je. D'ailleurs j'ai encore ton mot dans la poche de mon jean, avec LACETS en majuscules. Tu ne l'as pas signé, mais on reconnaît ton écriture. Je pourrais le donner à Alicia, pour qu'elle le montre à son frère…

– Quoi ? s'indigne-t-il. Attacher les lacets avec cent mille nœuds, je n'y suis pour rien, moi, c'était ton idée ! Je voulais seulement qu'on les pique et qu'on les jette dans un coin. Le Grave aurait fini par les retrouver. Ce n'est pas de ma faute si tu en as rajouté.

Il n'a pas tort, mais il m'agace quand même.

– Merci Lucien. Tu es ce qu'on appelle un véritable copain, quelqu'un sur qui on peut compter dans les moments difficiles.

Et je lui raccroche au nez.

Je reste un moment auprès du téléphone à ruminer mon amertume. Et voilà qu'une idée me traverse l'esprit. (C'est peut-être cela mon problème dans la vie : ces inspirations soudaines, ces impulsions auxquelles je ne résiste pas. Il faudra que j'y réfléchisse…)

Je vais appeler Alicia. Tout à l'heure en classe, elle n'a pas voulu me parler. Elle est furieuse, à cause de ce que j'ai fait à son frère. Alors je vais lui expliquer que j'ai eu tort et que je suis prêt à payer. Elle peut dire au Grave (non, à Sébastien !) que je ne suis pas un lâche et que je serai là jeudi pour me battre.

Je me sens assez fier de moi et mes mains ne tremblent pas trop, mes doigts ne froissent pas les pages de l'annuaire. Je finis par trouver. Je compose le numéro des Graveau et m'apprête à demander poliment à parler à Alicia.

– Allô, fait une voix dans l'écouteur.

LA voix. Celle du Grave !

Je reste pétrifié, muet comme un poisson. Bêtement, je n'avais pas imaginé une seule seconde qu'il pouvait répondre, lui.

– Allô, répète-t-il agacé.

Je raccroche aussitôt.

Je viens de réaliser que le Grave me flanque une peur bleue. Ce type ne fera qu'une bouchée de moi, jeudi.

La sonnerie. Je décroche machinalement, et la même voix de cauchemar me vrille le tympan :

– Ménard, pauvre cloche, je sais que c'est toi qui viens d'appeler. J'espère que ton copain t'a transmis le message. Rendez-vous jeudi, à neuf heures moins le quart devant la grille de l'école. On a un compte à régler tous les deux.

J'ai comme un paquet de colle dans la bouche qui m'emprisonne la langue.

– Réponds-moi, bon Dieu ! vocifère le Grave. Je veux entendre que tu as bien compris !

Je réussis à articuler :

– C'est d'accord.

– Profite de ton mercredi pour apprendre à te battre, ricane-t-il. C'est autre chose que de tricoter des lacets. Je m'en voudrais de trop t'abîmer.

Je raccroche en tremblant. Ce type n'est pas la brute épaisse que je croyais. Il est très intelligent, doué d'un sixième sens. Il a deviné que je venais d'appeler chez lui. Il a reconnu... mon silence !

Encore le téléphone ! Je décroche, raccroche aussitôt sans écouter et décroche une nouvelle fois pour qu'on ne puisse plus m'appeler.

Je remonte piteusement dans ma chambre. Pas la peine d'attendre jeudi. Je suis déjà K.-O. debout. Jamais la vie ne m'a paru aussi moche.

Mercredi
ou
Le jour le plus long

Bizarrement, j'ai passé une bonne nuit. Les émotions de la veille m'ont épuisé et j'ai dormi comme une enclume. Je me réveille plutôt en forme, avec l'impression que mes ennuis ne sont pas insurmontables.

D'abord, j'ai la journée entière devant moi pour réfléchir, m'organiser, trouver la solution qui m'évitera un cassage de figure... Et même si Sébastien Graveau me règle mon compte demain, ce ne sera pas si terrible.

Didier Masson, au début de l'année, s'est castagné avec le Grave, lui aussi, et il a beau être inscrit au karaté, l'autre l'a cueilli d'un coup de poing à l'estomac. À couper le souffle ! Didier a même vomi un peu. Après, ils se sont réconciliés. Moi, je n'ai pas la moindre envie de devenir l'ami du Grave, surtout si le prix à payer est un de ces coups de poing à assommer un hippopotame, mais je me dis que Masson n'en est pas mort et que c'était juste un mauvais quart d'heure à passer.

Mon père vient de partir à son travail. J'ai entendu la voiture démarrer. Hier soir, à table, nous avons eu une petite discussion. Papa m'a demandé si le moral était bon. J'ai jeté un regard à ma mère.

– Moyen, ai-je répondu.

Maman a eu un sourire :

– Notre fils a semble-t-il un problème dont il ne souhaite pas parler pour le moment.

Papa a tourné les yeux vers moi.

– Tu as raison. Les problèmes, il faut les prendre à bras-le-corps et les régler soi-même. On est toujours en partie responsable de ce qui nous arrive.

Mon père a souvent des discours de ce genre. Je redoutais qu'il me questionne ; pourtant, son indifférence m'a un peu déçu. Maman devait ressentir la même chose.

– C'est tout ? a-t-elle protesté. Tu ne lui en demandes pas plus ?

– Jean-Benoît n'est plus un bébé, a répondu papa. Je lui fais entièrement confiance pour se prendre en charge et se responsabiliser.

Le plus drôle, c'est qu'il s'est alors mis à nous parler de son travail et d'un conflit avec une de ses collègues.

– Ce n'est plus possible ! s'est-il emporté. Je vais lui flanquer le syndicat aux fesses.

Je repense à cela en déjeunant. Pâte à tartiner chocolatée sur tranches de pain de mie brioché.

Je n'ai pas encore vu maman. Elle chantonnait dans la salle de bains quand je me suis levé. La voilà toute belle, maquillée et coiffée.

– Bonjour, mon Jean-Benoît. Comment vas-tu ce matin ?

– Mieux.

Et c'est vrai.

Je pense à quelque chose, d'un coup :

– Tu sais, le fameux problème dont je t'ai parlé...

– Ton problème perso...

– Oui. Eh bien, à cause de ça, je vais être obligé de passer la journée à la maison.

Adieu sourire !

– Que veux-tu dire ? s'inquiète maman.

Comment lui expliquer sans *tout* lui expliquer ?

– Il y a des gens que je n'ai pas envie de rencontrer.

Si je croyais rassurer maman en disant cela... C'est encore pire !

– Quoi ? s'affole-t-elle. Écoute-moi bien, Jean-Benoît : quand on est victime d'intimidations ou de menaces, la seule façon de s'en sortir c'est de se confier à des adultes, parents ou enseignants.

Maman travaille au service scolaire de la mairie. La semaine dernière, il y a eu un problème de racket dans une école.

– Maman, je t'assure, c'est autre chose. Demain, je t'expliquerai, je te le promets.

Elle finit par m'autoriser à sécher le cours de solfège du début d'après-midi, « de façon tout à fait exceptionnelle ».

Je me lève pour l'embrasser.

– Tu es la plus chouette des mamans.

– Attention, tu vas me mettre plein de chocolat...

Je ne sais pas si c'est d'avoir pensé à Didier Masson, ou bien à cause des mots « victime », « intimidations », « menaces » qu'a employés maman, mais le petit-déjeuner commence à me peser sur l'estomac.

Le coup de poing dans le ventre, c'est la spécialité du Grave. Il ne faudra pas que je me mette à vomir, comme Didier Masson. Je me demande si je ne préférerais pas un bon bourre-pif, quitte à saigner. C'est quand même plus glorieux. Je me vois m'épongeant le nez dans un mouchoir blanc et rassurant les copains : « Ce n'est rien, les gars. » Je surmonterais ma douleur et les autres admireraient mon courage, je serais une vraie victime, alors que si je rends mes tartines, je serais ridicule et vaguement répugnant. Demain, je ne déjeunerai pas, ou très légèrement.

Maman me tape sur l'épaule.

– Hé !

Elle me parle depuis un moment. Perdu dans mes pensées, je ne l'ai pas entendue.

– Tu sais que tu m'inquiètes, Jean-Benoît. Je ne te cache pas que j'ai hâte d'être à demain pour connaître tes explications... Je te disais de mettre à profit cette journée à la maison pour t'avancer dans tes devoirs.

– Oui, m'man.

– Et pour ranger ta chambre.

– Sans problème, m'man.

– Et décider une fois pour toutes si tu gardes tes vieux *J'aime lire* ou si tu les mets au recyclage papier.

– D'accord, m'man, d'accord !

Elle rassemble ses affaires : son sac à main, les clés de voiture, un panier, son manteau...

La porte claque mais se rouvre aussitôt.

– As-tu besoin de quelque chose en ville ?

– Non, dis-je. Ou plutôt si ! Achète-moi des lacets, des lacets blancs, les plus longs possible.

– Des lacets ? Mais tu n'en as pas besoin !

Je prends un ton suppliant :

– Je te rembourserai sur mon argent de poche.

Encore une de mes inspirations !

À peine maman est-elle sortie que le téléphone sonne. J'hésite à répondre. J'espère que ce n'est pas le Grave...

C'est Alicia !

– Je t'ai appelé, hier, me reproche-t-elle, mais tu as raccroché sans m'écouter.

– Je pensais que c'était encore ton frère.

– Il veut te casser la figure.

– Merci, j'étais au courant.

– S'il savait que je t'appelle…

– Il va peut-être le deviner. Hier, quand j'ai téléphoné chez vous, c'est toi que je voulais avoir, mais c'est lui qui a décroché. Je n'ai pas dit un mot, même pas respiré, rien, et il a pourtant su que c'était moi. C'est un sensitif.

– Un QUOI ?

– Un sensitif, un type capable de ressentir les gens même à distance.

Alicia éclate de rire.

– Mon frère, un sensitif !

Elle rit de si bon cœur que je ris avec elle, sans bien comprendre ce qu'il y a de drôle.

– On a un téléphone à affichage, m'a-t-elle expliqué. Le numéro de ton correspondant apparaît. Sébastien a vérifié dans l'annuaire que c'était bien le tien avant de te rappeler.

– Ah, je comprends mieux.

– Jean-Benoît, tu ne dois pas te battre avec lui. Il est beaucoup plus fort que toi.

– C'est ce qu'on verra.

– Je trouve ça nul de vous bagarrer. Si mes parents l'apprennent, ils vont encore piquer une crise. Sébastien s'attire toujours un tas d'ennuis.

L'image d'Alicia me revient, dans la cour avec Mélanie, et je m'énerve un peu.

– C'est ton frère qui veut se battre et c'est plutôt moi qui ai des ennuis. Si tu ne lui avais pas parlé hier à la récré, il ne m'aurait pas soupçonné.

– J'étais sûre que tu penserais ça ! me répond-elle. Qu'est-ce que je pouvais raconter d'autre ? Toute la classe sait que tu es sorti lundi pour aller aux toilettes. Quand Mélanie l'a confirmé à mon frère, j'ai été obligée de dire pareil... Tes ennuis, tu les as bien cherchés. Je ne comprends pas pourquoi tu t'en es pris aux Magic Edge de Sébastien. Je trouve ça parfaitement stupide. De quoi voulais-tu te venger ?

Je suis gêné pour répondre. Je n'ai rien à reprocher au Grave directement. Je bougonne :

– Ton frère n'est qu'un vantard et une brute, entouré d'une bande de minables...

– Tu crois que vous valez mieux qu'eux, Lucien et toi ? Vous êtes toujours à ricaner, à vous ficher des autres par derrière. Tu crois que je ne sais pas comment vous parlez de mon frère entre vous ? Vous l'appelez « le Grave », je vous ai entendus, mais moi aussi je suis une Graveau, mon petit bonhomme !

J'en attrape chaud aux oreilles. Quand Alicia appelle un garçon « mon petit bonhomme », c'est qu'elle est vraiment énervée.

– Je raccroche, me lance-t-elle. Sébastien arrive et je ne veux pas qu'il sache que je t'ai appelé.

– Alicia, attends ! Tu ne veux pas passer chez moi ? On parlerait tranquillement.

– Non, on n'a plus rien à se dire. Salut.

Je monte dans ma chambre et me jette sur mon lit. Je n'arrive même pas à pleurer. J'ai la gorge nouée, douloureuse, je me mets à geindre comme un petit chien. Jamais je ne me suis senti aussi malheureux.

C'est injuste. Le Grave lui mène une vie impossible et Alicia prend sa défense. En décembre, elle a été punie à cause de lui. Il a triché à un contrôle de maths. Il avait des antisèches dans le capuchon de son stylo et à son poignet gauche, sous sa montre. Monsieur Boturier l'a pris en flagrant délit.

Cela a fait toute une histoire. Les parents ont été convoqués et le Grave a été interdit d'école pendant trois jours. Il a trouvé ça super (du moins, à ce qu'il a prétendu). Alicia a écopé d'une journée d'exclusion : c'est elle qui avait copié les antisèches. Je suis sûr que son frère l'avait obligée. Alicia n'est pas une tricheuse.

Du coup, je me suis mis à vraiment détester le Grave. Avec Lucien, on en parlait tout le temps. On avait toujours une histoire à raconter à son sujet : un jour il avait bousculé un petit à la piscine, un autre il avait injurié son entraîneur ou s'était fait remarquer à la bibliothèque... Et quand on n'avait aucune histoire nouvelle à raconter, on en inventait. Lucien était très fort à ce jeu.

– Le Grave a étranglé le chat de sa voisine ! m'a-t-il affirmé un jour.

Je suis resté muet de saisissement.

– Tu m'as cru, hein ? a rigolé Lucien.

Allongé sur mon lit, le regard au plafond, je réalise qu'on n'a pas arrêté de se monter le bourrichon, ces derniers temps. On est devenus complètement obsédés par le Grave, presque fascinés, comme par un serpent venimeux ou un tigre !

À force de parler de lui, d'en rire entre nous, on s'est imaginé qu'on pouvait l'approcher sans danger, passer à portée de ses crochets ou de ses griffes…

Cela ne pouvait que finir mal. On est allés trop loin, cette fois. JE suis allé trop loin, avec le coup des lacets…

Alicia ne me le pardonnera pas, et c'est encore ça le pire. Parce que c'est un peu pour elle que j'ai agi ainsi.

Les yeux noyés dans la contemplation du plafond, je me mets à rêvasser. Je suis un astronaute du futur égaré dans l'espace-temps, à la recherche de la princesse Alexia prisonnière de son frère félon.

Au bout d'un moment, je regarde l'heure. Il est à peine dix heures ! Je calcule que plus de vingt-deux heures me séparent encore de la Grande Bagarre… Les heures les plus longues de ma vie !

Le téléphone sonne de nouveau ! Je ne me démonte pas. J'aboie dans le combiné :

– Jean-Benoît Ménard à l'appareil, j'écoute !

C'est Lucien. Il en reste comme deux ronds de flan. Il me demande si j'ai pris un médicament.

– Oui, je lui réponds, une pilule qui décuple la force. Le Grave n'aura qu'à bien se tenir. Et toi aussi, espèce d'abandonneur d'ami dans les moments difficiles.

Lucien a un livre à me donner. Il est passé à la bibliothèque exprès.

– Tu vois que je ne te laisse pas tomber. Je veux t'aider...

Il ne me dit pas le titre, mais il a dû choisir un livre du genre : *Apprenez à vous défendre*, *Comment devenir champion de boxe en trois leçons* ou *Le Schwarzenegger sans peine*. Je l'imagine bien demandant conseil à la bibliothécaire en lui précisant : « Ce n'est pas pour moi, mais pour un copain qui a des ennuis. La terreur de l'école veut lui casser la figure. »

– Tu n'as pas parlé du coup des lacets, au moins ?

– Penses-tu !

Je m'habille en jogging et baskets, pour être plus à l'aise. Je fais quelques assouplissements, quelques étirements, mais sans trop d'illusions : ce n'est pas en un jour que j'apprendrai le Tae Kwon-do ou le Kick boxing.

J'attrape chaud et j'en ai vite assez. Je préfère me planter devant la télé, jusqu'à l'arrivée de Lucien.

– C'est le livre dont je t'ai parlé…

Je m'attendais à un document plein de photos, et cela ressemble plutôt à une histoire.

Le titre sur la couverture m'arrache un cri.

JEAN-BENOÎT ET LA GRANDE TERREUR

Mais je comprends vite que Lucien a bricolé un montage sur le plastique de la couverture en collant mon prénom écrit à l'ordinateur. J'arrache le bout de papier et le vrai titre apparaît :

SOURICEAU ET LA GRANDE TERREUR[1]

Je le feuillette, c'est un roman déjà vieux, avec quelques illustrations, mais pas la moindre position de défense à me mettre sous la dent, pas de photo montrant une esquive ou une contre-attaque…

– Ce n'est pas avec ce bouquin que j'apprendrai à me battre. Si c'est tout ce que tu as trouvé pour m'aider…

– Ne râle pas, je t'ai apporté ça aussi… Pour te remonter le moral.

Et Lucien sort de sa poche un rouleau

1. *Souriceau et la Grande Terreur*, de Betsy Byars.

de papier entouré d'un ruban rouge. Il n'a pas la patience d'attendre.

– C'est le diplôme KK, me révèle-t-il tout excité. Je l'ai fait à l'ordinateur.

Je déroule et je lis :

Diplôme KK décerné à

Sébastien Graveau

Je soussigné Lucien Blaud certifie que

Sébatien Graveau dit le Grave est le plus

Kon et le plus Kruel de l'école.

Lucien sort un deuxième papier. Sur sa lancée, il a dressé une longue liste de K. :

– Le plus Kasse-pieds, le plus Kriminel, le plus Krocodile, le plus Kaïman, le plus Kacatoès, le plus Kalamiteux, le plus Kalachnikov, le plus Katastrophique... Qu'est-ce que tu en penses ?

Lucien est content de lui.

– Excuse-moi, lui dis-je, mais je n'ai pas envie de rire. Qu'est-ce qu'il nous a fait de mal, Sébastien Graveau ? Rien. Alors pourquoi nous acharner contre lui ?

Et j'ajoute :

– Il ne faut pas m'en vouloir, tu sais.

Je suis sous pression, comme un boxeur la veille d'un grand match.

Lucien, maussade, remballe son diplôme et sa liste.

– Ce n'est pas à un boxeur que tu me fais penser, ricane-t-il. Plutôt à un mouton avant l'abattoir ou à un condamné à mort.

Il imite mon expression triste et malheureuse et pouffe de rire, cet imbécile. Un de mes chaussons traîne près de la télé. Je le ramasse et le lui envoie à la figure.

– T'es dingue ! Ça fait mal !

C'est à mon tour de me moquer de lui.

– Pauvre Lulu, il a bobo à son nez-nez...

– Crétin, râle-t-il.

Il enfile son blouson. Je vais encore me retrouver seul.

– Reste un peu.

– Non, il faut que j'y aille, m'assure-t-il. J'étais juste venu pour te remonter le moral, mais ça n'a pas marché. Tant pis.

Je le raccompagne jusqu'à la grille et on se serre la main. Il fait un temps superbe. J'aimerais bien me balader à vélo.

– Je viendrai en avance à l'école, demain, déclare Lucien.

– Tu ne veux pas rater la bagarre. Du sang, du sang !

– Mais non ! Je pourrais avertir la maîtresse, si ça tournait mal.

– Et la police, et les pompiers. Et les pompes funèbres !

Lucien se rappelle quelque chose, tout à coup.

– Au fait, mon mot, tu l'as toujours ?

Je mets un moment à comprendre.

– Ah ! ton message avec LACETS en majuscules… Tu as peur que je le montre au Grave ?

Des pas dans l'allée. Maman est de retour de courses.

– Bonjour, Lucien.

– Bonjour, madame.

– Tiens, Jean-Benoît, les lacets que tu m'as demandés. Tu n'oublieras pas de me les rembourser.

Elle me les tend, enveloppés dans leur gaine de cellophane. Lucien a un demi-sourire narquois. Il attend que maman ne puisse pas nous entendre.

– Non, mais je rêve ! Ne me dis pas que tu as acheté des lacets pour le Grave ? Tu crois t'en tirer comme ça ? Lui donner ces lacets et éviter la bagarre ?

– Mais non ! Ces lacets, c'est… c'est…

J'en bafouille.

– Les lacets-cets-cets, chantonne Lucien en grimpant sur son vélo.

Cette journée n'en finit pas. Devoirs, leçons, rangement, aspirateur...

Après déjeuner, je me suis avachi sur le canapé devant la télé. J'ai eu beau zapper, rien ne m'intéressait. Je ne pensais qu'à demain.

Je suis retourné m'allonger sur mon lit et j'ai tenté de rêvasser à la princesse Alexia, mais ça n'a pas marché.

Je feuillette le livre que m'a apporté Lucien.

Je n'ai pas envie de le lire en entier. Je regarde le résumé :

Benjamin Fawley est doué d'une malice et d'une espièglerie à toute épreuve, aussi ses camarades l'ont-ils surnommé Souriceau. Un jour, stupidement, il blesse gravement l'honneur de Marc Hammerman, la Grande Terreur de l'école.

Je comprends pourquoi ce livre plaît tant à Lucien. Il se rapporte exactement à ma situation.

Dès lors Souriceau vit dans l'effroi. Malgré les conseils et la compassion de son copain Ezzie, il se retrouvera un certain matin en face du géant Hammerman, pour un combat qui sera peut-être le dernier...

Souriceau... Moi, je n'ai pas de surnom de ce genre. Comment pourrait-on me surnommer ? Une fois Mélanie m'a appelé Jambonneau, mais ça n'a pas fait rire grand monde. À la rigueur, ce serait drôle si j'étais gros comme elle.

Sébastien Graveau ne m'a jamais affublé d'un méchant surnom, et pourtant je l'appelle le Grave. Alicia a raison : les ennuis, c'est moi qui les cherche. Et puis son frère est sans arrêt puni et ses résultats scolaires sont catastrophiques.

C'est plus fort que lui, il faut toujours qu'il fasse l'imbécile et cela lui retombe sur le nez. Il est plutôt à plaindre, dans le fond.

Mais je ne me vois pas, demain, lui tapotant affectueusement l'épaule, dressé sur la pointe des pieds : « Je sais que ta vie est un enfer. Je te plains, vieux. Frappe, si ça peut te soulager... »

Le Hammerman du livre est très grand aussi. Le dessin de la couverture le représente face à sa victime, dans une attitude menaçante.

Il faudrait lire toute l'histoire et découvrir ce que Souriceau a fait à la Grande Terreur pour mériter sa vengeance. Et surtout, comment il réussit à s'en tirer. Le héros finit toujours par s'en tirer. Dans les romans...

J'ouvre le livre vers les dernières pages et je tombe sur ce passage :

– Deux à l'estomac, un dans la poitrine, un par ici (geste). Deux en pleine poire.

– Tu as encaissé tous les coups ?

Souriceau fit oui de la tête.

Brrr, ça promet ! Je referme vite le livre. Je le lirai dans une autre vie...

– Maman, je m'ennuie…
– Si tu m'aidais ?
– À quoi faire ?
– Une tarte aux pommes pour ce soir.
– D'accord. Mais on l'entame au goûter.

Je casse les œufs pour la pâte. Quelques fragments de coquille tombent dans le saladier. Ils ne sont pas faciles à récupérer. Maman a ouvert son carnet de recettes sur la table. Deux cent cinquante grammes de farine, cent vingt-cinq grammes de beurre, de l'eau, une pincée de sel… Je respecte scrupuleusement la marche à suivre.

– Où est le sucre vanillé ?
– Ici, avec la cannelle.

Maman prépare une compote pour le fond de tarte.

– Tu veux bien prendre un plat dans le placard du bas ? me demande-t-elle.

– Attends, je finis de mélanger.

Des plats à tarte, il y en a plusieurs. Je choisis celui que je trouve le plus amusant. Il est en deux parties : une plaque d'aluminium légère, ronde, et un bord plus épais, ondulé, qui s'enlèvera facilement une fois la tarte cuite.

– Je n'aime pas trop ce moule, me dit maman. La dernière fois que je m'en suis servie, j'ai renversé la tarte.

– Je ferai attention.

Le four préchauffe. Tandis que maman coupe des quartiers de pommes, je graisse la plaque d'aluminium et le bord ondulé. Puis j'étale soigneusement la pâte et la recouvre de compote tiède. J'aide à disposer les morceaux de pommes en rond sur la compote.

– On aurait dû garder un peu de pâte pour faire des croisillons sur le dessus. C'est plus joli. Tant pis, ce sera pour la prochaine fois.

Et maman enfourne le plat. Thermostat sept.

On se regarde, souriants et satisfaits. C'était super : pendant une courte demi-heure, j'ai oublié mon problème perso.

Ce soir, j'ai beaucoup, beaucoup de mal à m'endormir. Je tremble à l'idée de ce qui m'attend demain. La journée a été longue et je n'en ai pas profité. Je n'ai trouvé aucune solution.

Je crois que j'ai la poisse. La malchance me poursuit. Il y a eu un signe, tout à l'heure, comme un mauvais présage : la tarte était cuite, elle sentait rudement bon quand j'ai pris le plat entre deux torchons et l'ai sorti du four. Mais j'avais tellement bien graissé le bord que la plaque du fond s'est détachée et m'a échappé.

La tarte s'est écrasée par terre côté pommes brûlantes et caramélisées, et je me suis retrouvé avec le bord du plat autour du poignet, comme un bracelet.

– Je ne veux plus jamais entendre parler de ce moule ! a décrété maman. Au recyclage !

On a nettoyé le carrelage, et je me suis rabattu sur un paquet de cookies.

Jeudi matin
ou
Mon heure de gloire

Allons enfants de la patriiiiie…

Je pédale, direction l'école, en chantonnant la Marseillaise *pour me donner du courage.*

Je passe devant le transformateur électrique, je ne peux pas m'empêcher de regarder l'inscription, mais elle risque de me porter malheur alors je ne lis qu'une partie des lettres, quelque chose comme ANGE D'OR, au lieu de DANGER DE MORT, et le bonhomme foudroyé a l'air de m'adresser un signe encourageant.

L'école !

Et ils sont tous là : Renaldo, Didier Masson, Moktar et deux ou trois autres de la bande, avec quelques filles. Mais pas le Grave !

Je roule au milieu d'eux. Ils sont silencieux. Pas un ne me parle, ni bonjour ni rien. Ils s'écartent sur mon passage, l'air un peu gêné.

Je pédale lentement, la tête haute, affectant une allure dégagée, une totale sérénité. Je range mon vélo sans me donner la peine de l'attacher. Je retourne vers les autres. Je suis le condamné à mort, le mouton à l'abattoir dont parlait Lucien.

Lucien ! Il est là aussi. Quand je passe à sa hauteur, je lui lance :

– Bêêêê…

Un bêêêê tout ce qu'il y a de minable. Et Lucien voulant me sourire ne réussit qu'une pauvre grimace avec la moitié droite du visage.

Je le sens, je le sais : je vais me faire ratatiner.

Contre moi de la tyrannie
L'étendard sanglant est levé…

Ils sont là comme au spectacle, venus voir leur chef, la star, le dieu vivant : Sébastien Graveau, dit le Grave.

Les regards convergent vers la rue et un murmure de satisfaction parcourt le groupe. La gorge serrée, je regarde moi aussi, je veux le voir arriver.

Mais ce n'est pas lui.

C'est elle.

Alicia. Elle est vêtue d'une robe noire, d'un collant noir et de chaussures noires.

Elle porte un bandeau noir dans les cheveux.

Aussitôt, ceux de la bande au Grave l'entourent comme s'ils voulaient la protéger. Mais de qui ? De moi ! Voilà ce que je réalise soudain : ils veulent la protéger de moi, l'empêcher de me parler !

La bouche d'Alicia articule un message muet. La cour est silencieuse. Je voudrais crier «Parle-moi !» Je voudrais qu'Alicia m'explique ce qui se passe ici. Pourquoi son frère n'est-il pas encore là ? Pourquoi s'est-elle ainsi habillée de noir ? Et pourquoi est-elle si extraordinairement pâle ?

Les grands du CM2 la surveillent comme des gardes du corps. Alicia a un sourire timide et un geste qui signifie : je te parlerai bientôt.

Et dans ce silence glacial, tous rentrent en classe. Je n'ai même pas entendu la sonnerie, je suis le mouvement, je me laisse mener par le flot des élèves, comme un mouton. Bêêêê...

Aujourd'hui, Lucien s'est placé à côté de moi et Alicia est juste devant. Je raffole des perles dorées de ses boucles d'oreilles. Et elle a de petits cheveux frisés sur la nuque.

Elle se tourne et me tend un papier plié en quatre.

Je sens les regards sur moi. Il y a aussi là Didier Masson et d'autres CM2, comme en classe décloisonnée.

Je suis gêné par ces regards insistants. Je détourne la tête et mes yeux se posent sur le calendrier que madame Augmenta tient à jour. J'y lis : vendredi 27 mars.

Vendredi ?! C'est comme si un abîme s'ouvrait sous mes pieds et que je tombais en chute libre. Nous sommes déjà vendredi ! Et je n'ai aucun souvenir d'hier jeudi, jour de ma bagarre avec le Grave.

Toute une journée a disparu de ma vie, s'est volatilisée, effacée de mon cerveau !

Je comprends maintenant le rassemblement devant l'école et les silences gênés, ces mouvements protecteurs autour d'Alicia, et surtout, surtout, l'absence du

Grave. «Je ne t'en veux pas pour ce que tu as fait à mon frère.»

Il s'est passé une chose terrible hier.

– Madame, j'ai besoin d'aller aux toilettes.

– Bien sûr, Jean-Benoît.

Je sors en marchant comme un robot. Dans le couloir, je me laisse glisser sous un portemanteau.

Je réfléchis. Dans la vie, chaque instant est relié aux autres, chaque seconde, chaque minute. C'est comme une chaîne. Mais ma chaîne s'est rompue. Il y manque un maillon : le jour de ma bagarre avec le Grave.

J'ai dû recevoir un coup de poing si violent que j'en ai perdu la mémoire. Oui, c'est ça !

Je me tâte le visage, je me palpe le ventre, la poitrine. Rien. Tout est normal. Pas la moindre courbature. Je suis en pleine forme.

En pleine forme !

Jamais je ne me suis senti si léger. Je suis Jean-Benoît Ménard. Il manque un jour à ma vie, et quelque chose me dit que ce jour manquant a été grandiose. Mon jour de gloire ! C'était de la légitime défense... Je n'ai pas peur. Je sens que la

mémoire va me revenir, c'est l'affaire d'une ou deux minutes, comme quand on cherche un mot familier qu'on a sur le bout de la langue...

Mais un bruit vient me distraire, un bruit qui me glace le sang : le lent et régulier martèlement de talons dans le couloir. Une démarche identifiable entre mille.

D'instinct, je m'écarte de la porte et me fige, les poings serrés.

Le Grave pénètre dans les toilettes. Il arbore de grosses lunettes de soleil à l'éclat métallique qui dissimulent totalement son regard.

Son blouson de cuir est entrouvert sur un tee-shirt marqué BOXE. Il ne paraît pas surpris de me trouver ici.

– Je mourais de soif, m'explique-t-il.

Il se met à boire à un robinet, se redresse, s'essuie les lèvres d'un revers de manche.

– Je peux te poser une question ? me demande-t-il.

– Pose toujours. Je ne sais pas si j'aurai la réponse.

Et voilà : je suis en train de discuter avec le Grave, d'égal à égal.

Il a comme une hésitation :

– C'est à propos de ce qui nous est arrivé hier, finit-il par avouer.

Mon cœur s'accélère. C'est stupéfiant ! À cet instant précis, je n'ai plus peur, la taille du Grave ne compte plus, ni son âge, ni sa force, ni ses lunettes, ni sa frime, ni ses talons sonores, ni son tee-shirt BOXE, ni sa mèche décolorée. Je m'impatiente :

– Alors, cette question ?

Maman m'a lu un conte, une fois, où le héros est si courageux qu'il grandit aux yeux des autres. Et voilà que j'atteins la taille du Grave, que je le dépasse même, mais l'un de mes lacets est défait, non : les deux !

– Qui t'a appris à te battre ? m'interroge-t-il.

– Lace-moi les baskets, lui dis-je pour toute réponse.

Le Grave me regarde avec un rictus douloureux. Peut-être croit-il que je plaisante.

– LACE-MOI LES BASKETS !

J'ai haussé le ton. C'est un ordre et le Grave jette un regard craintif vers la porte. Il redoute qu'on m'ait entendu.

Il s'accroupit, met un genou au sol et entreprend de nouer mes lacets.

Quand il a fini, il se relève :

– Alors ? me demande-t-il. Qui t'a appris à te battre ?

– Personne, je t'assure. Personne ne m'a jamais appris.

Le Grave ôte brusquement ses lunettes de soleil.

– Et ça ? fait-il.

Il a l'œil gauche quasi fermé, la paupière enflée, la pommette tuméfiée. La tête d'un boxeur descendu du ring. Sur une civière.

C'est sûr, maintenant : j'ai cassé la figure au Grave, hier, mais le plus rageant dans cette histoire c'est de l'avoir oublié. J'ai eu mon heure de gloire, et il ne m'en reste aucun souvenir...

Bah ! Peu importe. Le Grave m'a noué mes lacets ! Yahoooo ! Thermostat dix !

En classe, Lucien a repris sa place habituelle devant moi et Alicia est redevenue ma voisine de droite.

– Je viens de voir ton frère. Il a lacé mes baskets.

– Impossible, me répond Alicia. Tu ne peux pas avoir vu mon frère...

Elle se met à pleurer silencieusement.

– Ou alors son fantôme, ajoute-t-elle.

De grosses larmes roulent sur ses joues. Et je comprends enfin.

– Le Grave est mort ! m'exclamé-je horrifié. Je l'ai tué, c'est ça hein ?

– Je t'en prie, me souffle Alicia, n'en parlons plus. Je ne t'en veux pas. C'était de la légitime défense.

Nous sommes maintenant dans la cour et Alicia s'enfuit. Je tente de la rattraper et on me projette violemment à terre. Je me relève, prêt à me battre, mais personne ne m'a fait de croche-pied. Je suis tombé tout seul ! Pourquoi ?

Parce que mes lacets sont toujours défaits. Je me suis pris les pieds dedans !

Je n'en peux plus ! Je brandis le poing en hurlant :

– AUX AAAARMES, CITOYEEEENS !

Et mon propre braillement me réveille.

Jeudi
ou
Le grand jour

Maman est venue auprès de moi, alertée par mon chant guerrier. Elle hésite entre rire et inquiétude.

– Mais qu'est-ce qui te prend d'entonner notre hymne national de si bon matin ?

Je bredouille :

– J'ai... j'ai fait un cauchemar. Maman, quel jour sommes-nous ?

– Jeudi 26 mars.

Elle consulte sa montre.

– Il est sept heures vingt. J'allais bientôt te réveiller, mais pas avec la *Marseillaise*. Plutôt avec un bisou sur le front.

Le jeudi, maman part plus tôt. Elle passe prendre notre panier de légumes bio à la coopérative. Papa, lui, ne s'en va pas avant huit heures et demie.

– Je ne veux pas aller à l'école.

– Toujours ton problème perso ? me demande maman.

Je fais oui de la tête.

– Bon, dit-elle. Je ne vois que deux solutions : ou tu me racontes exactement ce qui se passe, de quoi tu as tellement peur, et je décide si tu vas ou non à l'école aujourd'hui. Ou tu t'obstines dans ton petit secret et je ne peux rien pour toi.

J'hésite.

– Le Grave va me casser la figure, finis-je par avouer.

– Le quoi ?

– Le Grave. Sébastien Graveau, un grand du CM2, on l'appelle comme ça avec Lucien. Il m'en veut à mort.

– C'était donc ça, soupire maman. Et pourquoi ce « Grave » te menace-t-il ?

– Parce que je lui ai fait une crasse.

– Tiens donc. Et quelle sorte de « crasse » ?

Je reste muet.

– Eh bien tu régleras cela avec ton père, s'agace-t-elle. Je n'ai pas le temps d'en discuter.

Maman quitte la chambre et j'ai envie de pleurer, mais elle revient presque aussitôt pour me redire la même chose avec plus de douceur, cette fois, et en me passant la main dans les cheveux :

– Parle de tes ennuis à papa. Il saura te conseiller et t'aider à trouver une solution. Allez, bye, mon petit bonhomme, et bonne journée !

– Maman…

– Oui ?

– Ne m'appelle pas « mon petit bonhomme », je n'aime pas trop ça.

– Ta mère m'a parlé d'un certain Grève…

– Grave, papa. Un grand du CM2.

Nous déjeunons ensemble. Mon père tartine des biscottes de beurre et de confiture.

– Explique-moi comment cette histoire a commencé. Je suppose qu'on n'en vient pas pour rien à des menaces. Ce CM2 doit avoir une raison, bonne ou mauvaise, de t'en vouloir…

Comment papa va-t-il prendre mes explications ?

– C'est que… je lui ai attaché ses baskets, j'ai fait trente-six nœuds, et même cinquante, à ses lacets.

La biscotte craque entre ses doigts sous la pression du couteau. Le beurre est trop froid.

– Toi ? Tu as fait ça ? s'étonne papa. En douce ?

J'acquiesce.

– Tu as fouillé dans son sac et il t'a surpris ?

– Non. S'il m'avait découvert, il m'aurait déjà cassé la figure. Il a mené une enquête. Mardi, il a fini par comprendre, mais j'ai réussi à lui échapper. Il a dit à

Lucien qu'il m'attendrait devant l'école jeudi. Ce matin...

– Et qu'as-tu l'intention de faire ?

– Je ne sais pas. Je crois que je vais me battre.

J'ai répondu ça sans le penser vraiment. Il me semble que c'est l'attitude que papa attend de moi.

– Te battre, te battre... Ce n'est jamais une solution, grogne-t-il.

Il était resté à peu près calme jusque-là, c'était trop beau pour durer.

– Mais enfin, qu'est-ce qui t'a pris de lui saboter les baskets, à ce Glave ?

Ce serait trop long, trop compliqué à expliquer.

– Ce type est nul, dis-je pour résumer.

– Voilà ce qu'on va faire, me propose papa. Je t'accompagne à l'école et je parle à ce garçon. Tu lui présentes tes excuses et vous vous serrez la main, comme des hommes. Qu'en penses-tu ?

Je suis tétanisé, incapable de répondre. Autant me jeter dans la Loire. J'imagine la scène : « Hou, le petit Ménard, il est venu avec son pôpa... » Je hausse les épaules, comme si cela m'était égal, mais papa voit bien que sa proposition a du mal à passer.

– Écoute, mon petit gars, il faut assumer dans la vie. Prendre ses responsabilités. On ne peut pas constamment fuir ses problèmes. Si tu crois que je m'amuse, moi, avec la collègue qui me savonne la planche ? Le malheur c'est que nous vivons dans une société de plus en plus individualiste...

C'est difficile de le couper dans son

élan. Mais l'idée de débarquer à l'école flanqué de papa me terrorise davantage encore que le cassage de figure ! Je dois réagir sans tarder.

– D'accord, je ferai des excuses au Grave. J'ai même acheté des lacets neufs avec mon argent de poche. Mais, s'il te plaît, ne m'accompagne pas à l'école.

– Je comprends, dit-il. Tu veux régler ça seul, comme un grand. Tu as raison, et je t'en félicite, c'est ce que je conseille toujours : assumer.

Papa me regarde, avec plein de tendresse.

– Seulement, mets-toi un peu à ma place. Je vais être inquiet toute la matinée, me demander si le Glaive ne t'a pas transpercé, réduit en charpie... Imagine un peu le savon que me passerait ta mère !

Nous échangeons un sourire. Je crois que c'est gagné, papa ne m'accompagnera pas. En même temps, c'est définitivement perdu, je n'échapperai pas au Grave. Lui présenter mes excuses ? Tu parles ! Il va rigoler, me lancer un truc du genre : « Et moi je te présente mon poing dans le nez ! » Et pif !

Si seulement les choses pouvaient se passer comme dans mon sommeil. « Lace-moi les baskets... » Dire que pendant un instant j'ai eu ce pouvoir sur le Grave. J'ai ordonné et il a obéi ! Malheureusement, ce n'était qu'un rêve...

– Papa, ça sert à quoi les rêves ?

La question le prend de court.

– Pourquoi me demandes-tu ça ?

– Parce que j'en ai fait un drôle.

– Oui, il paraît que tu t'es réveillé en chantant la *Marseillaise* !

– J'ai rêvé que j'avais cassé la figure au Grave.

Il éclate de rire.

– Eh bien, voilà à quoi servent les rêves, fiston. À réaliser nos désirs les plus secrets.

Je me garde de préciser à papa que mon rêve avait ensuite tourné au cauchemar et que j'avais tué le Grave...

Papa se lève pour poser son bol dans l'évier.

– Pas plus tard que la semaine dernière, ajoute-t-il, j'ai rêvé que j'étranglais ma collègue avec une corde à linge. Alors, tu vois...

– Allons enfants de la patrie…

Je pédale, direction l'école, en chantonnant la *Marseillaise* pour me donner du courage. Cette fois, c'est pour de bon. Il est là, mon jeudi, bien réel. Il n'y a que dans les rêves que les jours disparaissent des calendriers.

Mon jour de gloire est-il arrivé ? Ce n'est pas impossible : JE VIENS D'AVOIR UNE INSPIRATION !

J'ai trouvé une parade aux coups de poing du Grave. Un plan ! Une solution tellement simple… Il suffisait d'y penser.

C'est en prenant mon vélo qu'a eu lieu le déclic. Mon père parti, je me retrouvais seul à la maison, avec la tentation de rester à l'abri, au chaud. Mais après la conversation que nous venions d'avoir, papa et moi, ça m'a paru impossible. Et puis on ne s'absente pas de l'école sans raison.

Je me suis donc résigné à préparer mon sac. J'ai fermé à clé, de l'intérieur, la porte d'entrée, comme je le fais chaque jeudi. Et je me suis rendu dans le garage, pour prendre mon vélo.

L'interrupteur n'est pas accessible en entrant (suite à un bricolage de papa), aussi ai-je avancé de quelques pas dans la pénombre. Mon genou a heurté un objet qui dépassait de l'étagère et qui est tombé dans un fracas de métal. J'ai allumé. Je venais de renverser le plat à tarte que maman, hier, avait mis de côté pour la déchetterie.

Le plat à tarte !

Et si je m'en faisais une protection ? Si je glissais ce rond de tôle fine sous mes vêtements ? Des abdominaux en aluminium !

Les coups du Grave se heurteront à cet obstacle. Il pourra toujours cogner, il ne me fera jamais vomir comme Didier Masson. Et j'aurai les poings et les bras libres pour protéger mon visage.

Une sorte d'armure, de bouclier incorporé...

J'ai glissé le rond de métal sous ma chemise. Même à travers le tee-shirt j'en ai perçu le froid. Je me suis frappé sur le ventre pour voir. Rien du tout. J'ai frappé beaucoup plus fort. Même pas mal ! Ça faisait un petit bruit clinquant, très étouffé par l'épaisseur des vêtements.

Je riais tout seul. Depuis longtemps je n'avais pas ressenti une telle excitation... À bien y réfléchir, depuis pas si longtemps que cela : depuis... lundi, quand j'avais noué les Magic Edge dans le couloir de l'école... Et c'est en y pensant que j'ai eu ma deuxième inspiration géniale.

L'idée du plat était super, mais, seulement maintenu par les vêtements, il risquait à tout moment de glisser.

À moins que je l'attache avec les lacets que maman m'avait achetés hier et que j'avais toujours dans la poche !

J'ai pris un marteau et un gros tournevis cruciforme dans la boîte à outils de mon père. J'ai d'abord eu du mal. J'y suis arrivé plus facilement quand j'ai pensé à mettre deux bouts de bois en dessous pour créer du vide : le tournevis a traversé sans peine l'aluminium. J'ai ainsi percé deux trous diamétralement opposés, que j'ai agrandis un peu. Avec le marteau, j'ai aplati les petits fragments de métal qui risquaient d'égratigner.

Dans les trous, j'ai passé les lacets, les longs lacets. Et je me suis attaché la plaque autour de la taille. Pas de problème elle est bien maintenue, l'aluminium adopte souplement la courbe de mon ventre.

Je passe devant le transformateur électrique. Cela me rappelle mon rêve. ANGE D'OR... (Il n'y a pas si longtemps, maman me souhaitait bonne nuit ainsi : « Dors, mon ange... »)

Le plat à tarte m'empêche de remonter complètement les jambes, et je pédale en danseuse. Mais je ne sens plus le froid du métal. Au contraire ! Mon armure me réchauffe ! Je jubile : le Grave va s'éclater les phalanges !

Pour me donner encore plus de courage, je joue à l'Homme au Ventre de Fer, volant au secours de la princesse Alexia tombée aux mains de Vil Gravou, son ignoble frère...

Et puis c'est le dernier virage, le long du jardin public, et l'école apparaît.

Ils sont là. Le Grave et sa bande d'un côté. Lucien et quelques CM1 de l'autre. Je ne vois pas Alicia et la peur me tombe dessus.

– Tiens, v'là l'artiste ! lance le Grave.

J'avance directement vers lui.

– Je range mon vélo et j'arrive.

J'ai réussi à lui répondre sans bafouiller :

– On se bat à la régulière, Graveau.

Pas de coups de pied. Et tes copains ne doivent pas s'en mêler.

– Aucun problème, Ménard, assure-t-il. Mais tes potes à toi peuvent te donner un coup de main s'ils veulent, moi ça ne me dérange pas d'en ratatiner deux ou trois de plus.

Ses copains s'esclaffent avec lui. Je les laisse ricaner et je vais saluer Lucien.

– Merci d'être là.

– Normal, répond-il.

Je le sens crispé. J'ai l'impression qu'il a encore plus peur que moi. J'approche ma bouche de son oreille.

– Ne t'inquiète pas, j'ai un plan d'enfer. Tu vas rigoler.

Une lueur passe dans ses yeux.

– Une inspiration ?

J'acquiesce d'un battement de cils.

J'entends le Grave dans mon dos :

– Ne joue pas la montre, Ménard.

– Sois tranquille, je lui réponds. Moi aussi j'ai hâte d'en finir.

Nous nous épions, le Grave et moi. Nous nous tournons autour. Les autres parlent, commentent, rigolent, donnent des conseils. Je n'écoute pas, je dois rester concentré.

La bouche sèche, la langue en carton, je contrôle mal les tremblements de mon corps. Je ne cesse de me répéter : « Protège-toi le visage, garde les bras haut et les poings serrés. » Au ventre, il peut taper tant qu'il voudra, le Grave…

Je n'ai pas l'intention de l'attaquer. J'encaisserai les coups, c'est tout, j'esquiverai, j'amortirai. Le combat risque de durer. Cela me sauvera, madame Augmenta ou monsieur Boturier finiront par nous voir et viendront nous séparer.

Le Grave a une expression déterminée, mais pas vraiment méchante. Il est à son affaire. Il attend le bon moment pour me cueillir. Se demande-t-il pourquoi je ne protège pas mon estomac ? Peut-être va-t-il se douter que je cache quelque chose, que je porte une protection sous mes vêtements. Je baisse légèrement ma garde pour donner le change.

Et boum !

Le trou noir.

J'entends le cri de Lucien.

– Il saigne !

Je suis par terre. J'ouvre les yeux.

– Ce n'est rien. Tout va bien.

Le Grave triomphe :

– Et voilà, mec. Pas plus compliqué.

Didier Masson regarde ailleurs, ça doit lui rappeler des mauvais souvenirs. Le Grave avait employé une formule du même genre, avec lui.

Je me relève difficilement. Ce n'est pas à cause du coup de poing, c'est plutôt ma protection abdominale qui ne facilite pas les mouvements.

Mais quel idiot j'ai été de baisser ma garde. Je le savais pourtant !

Et je me suis quand même pris le bourre-pif.

– Viens te nettoyer, me dit Lucien.

Je me sens bête, un peu rabougri. Et soulagé, aussi. Le pire est passé. Il y a des copains qui me consolent, qui affirment que j'ai été courageux, et que le Grave n'est qu'un salaud de s'attaquer aux plus petits. Ces paroles me font du bien. Je pleure un peu, mais tout le monde pleure quand il s'est pris un coup dans le nez.

Lucien m'accompagne aux lavabos. Il porte mon cartable. Je feins d'avoir très mal :

– Bobo à mon nez-nez.

Il rigole. Je me tamponne avec un mouchoir en papier. Ça ne saigne déjà presque plus.

– Alors, ton plan d'enfer, ton inspiration ? me demande Lucien.

– Attends. Tu n'as encore rien vu.

Alicia nous rejoint à ce moment-là.

– Je n'ai pas voulu assister à la bagarre. Tu as mal ?

– Pas trop. J'avais plutôt pensé que ton frère me taperait dans le bide, alors j'avais pris mes précautions.

Je soulève mon pull et ma chemise, pour leur montrer le plat à tarte attaché avec les lacets.

Ils mettent un peu de temps à comprendre.

– Des abdos en aluminium, je leur explique. Des abdominiums !

La tête qu'ils font !

Les voilà pliés en deux, secoués de rire. Je ris avec eux, mais cette histoire doit rester entre nous. Je défais vite les lacets, le plat à tarte, que je cache dans mon cartable.

Cinq minutes plus tard, quand nous entrons en classe, madame Augmenta se demande pourquoi nous rions de si bon cœur.

informations
cascade

Et lors une grande peur va nos cœurs assaillant,
Le poil nous dresse au chef et du front, goutte à goutte,
Jusques à nos talons la sueur nous dégoutte.
Si nous sommes au lit, n'osons lever les bras
Ni tant soit peu tourner le corps entre les draps...

Pierre de Ronsard
(1524-1585)

LA LOI DU PLUS FORT... N'EST PAS TOUJOURS LA MEILLEURE

Paroles sages à l'attention des braves... et des autres.

• Quand les gros poissons se battent, les crevettes doivent se tenir tranquilles. (*proverbe créole*)

• Le léopard ne salue pas la gazelle, si ce n'est pour sucer son sang. (*proverbe araméen*)

• Si tu frappes un lion, c'est ta tête qui souffrira. (*proverbe nigritien*)

• Quand la crainte ne veille pas, il arrive ce qui était à craindre. (*Chine*)

• On apprend peu par la victoire, mais beaucoup par la défaite. (*Japon*)

• Mieux vaut échouer avec honneur que réussir par fraude. (*Grèce*)

• Le triomphe des méchants est de courte durée. (*Livre de Job*)

• Mieux vaut souffrir le mal que le faire. (*Florian*)

• Le méchant est comme le sac du charbonnier, noir au-dehors, plus noir au-dedans.

• Il y a des occasions où il vaut mieux perdre que gagner. (*proverbe latin*)

• Le timide a peur avant le danger, le lâche au milieu du danger, le courageux après le danger.

• Qui craint de souffrir, il souffre déjà de ce qu'il craint. (*Montaigne*)

• Les poltrons fuient le danger, le danger fuit les braves.

• À être vaincu par plus fort que soi, il y a encore quelque gloire. (*proverbe latin*)

• Tomber est permis, se relever est ordonné. (*Russie*)

• Quand on n'est pas le plus fort, il faut être le plus fin.

LA PEUR

Peur bleue, peur panique, être vert de peur, mort de peur, avoir la trouille, la pétoche, les foies, les jetons... que de mots et d'expressions familières pour parler de la peur ! C'est un sentiment fort désagréable dont on se passerait bien, et pourtant tout le monde l'éprouve au cours de sa vie.

Peur de quoi ?

On a peur devant un danger précis, un chien qui saute sur vous en aboyant, une personne menaçante. Mais parfois c'est notre imagination qui nous joue des tours et l'on tremble à l'idée de choses qui n'existent pas, loups qui rôdent et autres monstres cachés sous les lits...

On a peur avant un contrôle, un match de foot, chez le dentiste. On a peur du vide, du tonnerre qui gronde ou de la petite araignée qui se promène au plafond.
On a peur de rater, d'avoir mal, de mourir... bref, les raisons ne manquent pas !
Un écrivain célèbre, Guy de Maupassant, sait bien de quoi il s'agit : « C'est quelque chose d'effroyable, une sensation atroce, comme une décomposition de l'âme, un spasme affreux de la pensée et du cœur, dont le souvenir seul donne des frissons d'angoisse. » Pourtant certains s'amusent à se faire peur, avec des films ou des livres d'horreur, sur le grand 8 ou dans le train fantôme des parcs d'attractions.

Un signal d'alarme

La peur n'est pas quelque chose d'inutile ou dont il faudrait avoir honte. C'est un signal d'alarme qui permet au corps de se préparer à affronter un danger : tous les sens sont en éveil, le cœur bat plus fort, envoyant davantage de sang vers les muscles, la respiration s'accélère ce qui fait entrer davantage d'oxygène dans les poumons, l'organisme accumule de l'énergie. Ces réactions sont déclenchées par une hormone, l'adrénaline, fabriquée par le cerveau lorsqu'il est excité. Celui qui n'aurait jamais peur prendrait plus de risques et serait moins bien préparé pour réagir efficacement.

Seulement, la peur n'a rien d'agréable ! Le cœur s'affole, on a le sentiment d'étouffer, de perdre la voix, les jambes tremblent, la peau frissonne, transpire, le visage pâlit, on a la bouche sèche, une sensation de boule dans la gorge, l'estomac serré, mal au ventre. Tout cela est une réaction normale de l'organisme confronté à une situation anormale.

Ce qui est anormal, c'est lorsque le sentiment de peur est déclenché par des situations banales de la vie quotidienne, comme prendre un ascenseur, se retrouver dans une foule, ou dans le noir.

On appelle ce type de peur incontrôlable et peu justifiée une phobie, il faut en parler pour pouvoir en guérir.

LES SPORTS DE COMBAT

Incorrigibles, les garçons !
Quand ils ne se battent pas à la sortie de l'école, ils vont faire du judo ou de l'escrime le mercredi après-midi. Les filles aussi pratiquent de plus en plus ces sports d'ailleurs !
Il y a quand même une grosse différence entre la bagarre, signe d'agressivité et de violence, et les sports de combat qui apprennent au contraire à contrôler et à respecter l'autre tout en donnant le meilleur de soi.
Les sports de combat sont parmi les plus nombreux et les plus anciens des sports.
On les divise en deux catégories, ceux qui se pratiquent avec des armes, comme le fleuret, et ceux qui ne font appel qu'au corps, comme la lutte ou la boxe.

Corps à corps

La *lutte gréco-romaine* est la plus ancienne forme de lutte qui se pratique depuis l'Antiquité. Il faut provoquer la chute de son adversaire en lui faisant perdre l'équilibre. On n'a le droit de le saisir qu'entre la tête et la ceinture. Dans la *lutte libre*, les prises de jambes sont permises.

La *lutte bretonne* est à base de crocs-en-jambe, le gagnant est celui qui fait tomber l'autre en restant lui-même debout.

Le *catch* est plus un spectacle avec trucages qu'un véritable sport. Toutes les prises sont permises, même douloureuses.

Le *sumo* est très populaire au Japon. Les lutteurs, qui pèsent parfois plus de 150 kg, sont de véritables idoles.

Le *judo* est un sport de lutte très particulier, car ce n'est pas la force qui compte, mais la souplesse. Il s'agit d'utiliser la force déployée par l'adversaire pour le déséquilibrer et le faire chuter. Le plus costaud n'est pas forcément le meilleur, ce qui est très réconfortant !

La *boxe* se pratiquait autrefois à mains nues, les gants de boxe ont fait leur apparition au XIXe siècle. Les coups doivent être portés au-dessus de la ceinture, avec le devant du poing fermé. Les directs sont frappés de face, les crochets dans un mouvement circulaire, et les uppercuts de bas en haut.

La *boxe française* ou « savate » permet les coups donnés avec les pieds sur tout le corps.

Le *karaté* (du japonais « té » : combat à mains et « kara » : nues, vides) et le *Tae Kwon-do*, un karaté coréen, se pratiquent avec toutes les parties du corps : les poings, les coudes, le tranchant de la main et les pieds. Mais attention ! Il est interdit de frapper pour de bon : tous les coups doivent être maîtrisés, s'arrêter à la bonne distance ou ne toucher que très légèrement l'adversaire.

Avec une arme

L'arme peut être un simple bâton, comme dans la *canne de combat* française pratiquée avec une tige de châtaignier de 95 cm de long. Le *bo-do* (avec un bâton long) et le *jo-do* (avec un bâton court) japonais sont très proches.

L'*escrime* se pratique, en Europe, au fleuret, à l'épée ou au sabre. Au fleuret et à l'épée, on n'a le droit de toucher l'adversaire que de la pointe, au sabre on peut le toucher de la pointe, du tranchant ou du dos de la lame.

Le *kendo* japonais se pratique avec un sabre en lamelles de bambou gainées de lanières de cuir. Au moment de frapper, le kendoka nomme la partie du corps visée en poussant un cri très particulier, le «kiaï».

FATRAS

Fourbissez votre ferraille
Aiguisez vos grands couteaux

Fourbissez votre ferraille
Quotenaille, quetinaille,
Quoquardaille, friandeaux,
Garsonaille, ribaudaille,
Laronnaille, brigandaille,
Crapaudaille, leisardeaux,
Cavestraille, goulardeaux,
Vilenaille, bonhommaille,
Fallourdaille, paillardeaux,
Truandaille et lopinaille
Aiguisez vos grands couteaux.

Jean Molinet
Les faitz et les dictz de Jehan Molinet, 1531

Ces dossiers ont été réalisés en collaboration avec Nicole Bustarret.

L'AUTEUR

Guy Jimenes est né en 1954 en Algérie où il a vécu jusqu'en 1963. Il habite aujourd'hui à Saint-Jean-de-Braye, près d'Orléans, où il exerce à mi-temps le métier de bibliothécaire. Lorsqu'il écrit une histoire, il prend plaisir à embarquer le lecteur sur une fausse piste, jusqu'au dénouement qui doit surprendre.

L'ILLUSTRATEUR

Christophe Besse a adoré illustrer cette histoire et espère de tout cœur que ça se remarquera ! Au premier coup d'œil, ses dessins paraissent pleins de hachures, de ratures : un désordre à l'opposé de sa brosse au carré. Mais chez ce dessinateur, le désordre est organisé avec un soin extrême du détail. Incorrigible curieux, espiègle impénitent, il se documente énormement, observe, écoute. Surgissent alors de savoureux personnages, malicieux, insupportables, pétillants.
Christophe Besse vit à Paris, il a trois enfants de votre âge et les fenêtres de son atelier donnent sur une cour de récréation...

cascade — 7-9

ALEX ET LES ROIS DE L'ÉCOLE
Catherine Missonnier.

ATTENTION PETIT MONSTRE
Gilles Fresse.

CHAMPIONS LES ROLLERS !
Chantal Cahour.

CLÉMENT CHERCHE LA PETITE BÊTE
Chantal Cahour.

COMMENT DEVENIR PARFAIT EN TROIS JOURS
Stephen Manes.

UNE COPINE À LA PISCINE
Stéphane Méliade.

DEUX MAÎTRESSES POUR UNE RENTRÉE
Stéphane Daniel.

UN FANTÔME EN CLASSE VERTE
Sandrine Pernusch.

LE FILS DES LOUPS
Alain Surget.

LA GRANDE PEUR D'HALLOWEEN
Alain Surget.

INSPECTEUR CATASTROPHE
Gilles Fresse.

JUJU LA PÉTOCHE
Gilles Fresse.

MAGIC MORGAN
Anne-Marie Desplat-Duc.

MON COUSIN EST CÉLÈBRE
Chantal Cahour.

MON EXTRATERRESTRE PRÉFÉRÉ
Évelyne Brisou-Pellen.

MYRTILLE N'EN FAIT QU'À SA TÊTE
Chantal Cahour.

MYSTÈRE ET CHARCHAFOUILLE
Jean Alessandrini.

MYSTÈRE EXPRESS
Jean Alessandrini.

OH, LES Z'AMOUREUX !
Amélie et Marc Cantin.

OPÉRATION CALEÇON AU CE2
Catherine Missonnier.

PAPY PASSE À LA TÉLÉ
Béatrice Rouer.

PAPY RETOURNE À L'ÉCOLE
Béatrice Rouer.

LES PATATES MAGIQUES
Geneviève Senger.

cascade 7-9

LA PÊCHE AUX DOIGTS DE SORCIÈRES
Béatrice Rouer.

PETIT FÉROCE CHAMPION DE LA JUNGLE
Paul Thiès.

PETIT FÉROCE DEVIENDRA GRAND
Paul Thiès.

PETIT FÉROCE N'A PEUR DE RIEN
Paul Thiès.

PETIT FÉROCE VA À L'ÉCOLE
Paul Thiès.

LA PLUS GROSSE BÊTISE
Évelyne Brisou-Pellen.

UNE POTION MAGIQUE POUR LA MAÎTRESSE
Gilles Fresse.

LA PRINCESSE AUX CHEVEUX VERTS
Paul Thiès.

PRIVÉS DE TÉLÉ
Gilles Fresse.

LES QUATRE FONT LA PAIRE
Chantal Cahour.

LE ROCK DE LA MAÎTRESSE
Gilles Fresse.

SEULS À LA MAISON
Geneviève Senger.

LA SORCIÈRE EST DANS L'ASCENSEUR
Paul Thiès.

SUPERMAMIE
Gilles Fresse.

SUPERMAN CONTRE CE2
Catherine Missonnier.

SURPRISE AU BRIC-À-BRAC
Chantal Cahour.

LE TRÉSOR DES DEUX CHOUETTES
Évelyne Brisou-Pellen.

VÉTÉRINAIRE, C'EST SUPER !
Anne-Marie Desplat-Duc.

LE VRAI PRINCE THIBAULT
Évelyne Brisou-Pellen.

LA VRAIE PRINCESSE AURORE
Évelyne Brisou-Pellen.

ZÉBULON LA TERREUR
Paul Thiès.

cascade 9-11

ALBERT A LA BERLUE
Michel Le Bourhis.

UNE AMIE GÉNIALE
Sandrine Pernusch.

L'ATTAQUE DE L'OURS
Alain Surget.

AU BOUT DU CERF-VOLANT
Hélène Montardre.

AU SECOURS MÉLUSINE !
Yvon Mauffret.

LES AVENTURES D'UN CHIEN PERDU
Dagmar Galin.

LA BANDE DE FORT APACHE
Jacques Asklund.

BIEN JOUÉ MÉLUSINE !
Yvon Mauffret.

BILLY CROCODILE
Yves-Marie Clément.

ÇA CHAUFFE À LA MAISON
Nadine Walter.

CET ÉTÉ, ON DÉMÉNAGE
Anne-Marie Desplat-Duc.

CHUT... SECRET DE FAMILLE
Marie Dufeutrel.

CLAIR DE LOUP
Thierry Lenain.

CLASSE DE LUNE
François Sautereau.

LES CM2 À LA UNE
Catherine Missonnier.

COMMENT VIVRE 7 VIES SANS AVOIR MAL AUX PIEDS
Évelyne Brisou-Pellen.

LA COURSE AUX RECORDS
Lorris Murail.

DE L'EAU PLEIN LES BOTTES
Chantal Cahour.

LES DISPARUS DE FORT BOYARD
Alain Surget.

LA DOUBLE CHANCE DE JULIETTE
Françoise Elman.

L'ENFANT CHEVREUIL
Roger Judenne.

ENQUÊTE ET PATINS À ROULETTES
Alice Hulot.

EXTRATERRESTRE APPELLE CM1
Catherine Missonnier.

LE GOUFFRE AUX FANTÔMES
Alain Surget.

LA GUERRE DES POIREAUX
Christian Grenier.

HISTOIRE DE LUCIEN
François Charles.

L'ÎLE AUX TORTUES
Michel Girin.

L'INCONNU DU QUATRIÈME
Alice Hulot.

J'AIME PAS LA NATURE
Gérard Bialestowski.

JEUX DE FAMILLE
Pascale Perrier.

JOUER C'EST GAGNER
Pascale Perrier.

LE JOURNAL SECRET DE MARINE
Sandrine Pernusch.

LACE-MOI LES BASKETS
Guy Jimenes.

Cascade 9-11

MA PREMIÈRE BOUM
Ségolène Valente.

MILLIONNAIRE À ONZE ANS
Andrew Norriss.

MINUIT, L'HEURE DU FANTÔME
Alice Hulot.

MON CHIEN VA À L'ÉCOLE
Chantal Cahour.

LE MOUSSE DU BATEAU PERDU
Yvon Mauffret.

MYSTÈRE À BORD
Catherine Missonnier.

MYSTÈRE À CARNAC
Michel-Aimé Baudouy.

MYSTÈRE ET HAMBURGER
Jean Alessandrini.

ON T'AIME CHARLOTTE
Sandrine Pernusch.

PANIQUE EN 6e A
Catherine Missonnier.

PAS FACILE D'ÊTRE UNE STAR
Marc Cantin.

PING-PONG AU CAMPING
Stéphane Daniel.

LA PLUS GRANDE LETTRE DU MONDE
Nicole Schneegans.

POUR UN PETIT CHIEN GRIS
Yvon Mauffret.

PREMIER EN FOOT
Catherine Missonnier.

QUI C'EST CELUI-LÀ ?
Lorris Murail.

UNE RENTRÉE ROSE ET NOIRE
Sandrine Pernusch.

SECRETS DE SORCIÈRES
Alice Hulot.

LA SIRÈNE AUX YEUX D'OR
Michel Girin.

S.O.S. URGENCES
Roselyne Bertin.

TOUS À LA PATINOIRE
Ségolène Valente.

TROIS CHATONS POUR ZÉLIE
Yvon Mauffret.

DES VACANCES À HISTOIRES
Sandrine Pernusch.

LA VILLE QUI REND FOOT
Jean-Luc Luciani.

VIVE LES PUNITIONS !
Guy Jimenes.

Achevé d'imprimer en juin 2001
sur les presses de l'Imprimerie Hérissey
à Évreux (Eure)
Dépôt légal : juin 2001
N° d'édition : 3633
N° d'imprimeur : 90065